Trost
Rauschen

Geschichten von
Leben & Abschied

Birgit Rütters

Impressum

© 2020 Birgit Rütters
www.birgitruetters.de
www.trauerrede-frankfurt.de

Umschlag, Illustration, Layout
Claudia L. Hoffmann
www.Claudia-L-Hoffmann.de

Korrektorat
Anita Harff

Verlag & Druck
tredition GmbH
Halenreie 40-44
22359 Hamburg

ISBN
978-3-347-12105-8 ISBN Paperback
978-3-347-12106-5 ISBN Hardcover
978-3-347-12107-2 ISBN e-Book

Inhalt

Trauer braucht Trost

Vorwort

Manchmal sind wir traurig, fühlen uns allein und verlassen. Ein guter Ort, Trost zu finden, ist der Wald. Die Atmosphäre des Waldes schenkt uns Geborgenheit. In der Natur laden wir unsere Zellen mit neuer, frischer Energie auf. Wir werden ruhiger, atmen den Wald, riechen die Erde, das Laub, die Pilze, das Moos, hmmm Waldluft! Wir lauschen dem Bach, dem Rauschen der Blätter in den Bäumen und in diesem friedvollen Einklang kommen wir zur Ruhe, kommen bei uns selbst an und fühlen uns getröstet.

Als Claudia L. Hoffmann, meine Illustratorin, den Entwurf für den Buchumschlag begann und sie die Tiere aus meinen Geschichten in einen Baum setzte, entstand meine Idee für den Titel des Buches.
„Was haben die Tiere nun alle gemeinsam", fragte ich mich. Sie waren von Blättern umgeben, deren Rauschen wir im Wind vernehmen können. Ein Rauschen, das die Tiere berührte, jedes einzelne von ihnen, durch die Bewegung der Blätter im Wind. Das Rauschen der Blätter, das berührt im wahrsten Sinne des Wortes!

Ich liebe das Rauschen der Blätter, wenn der Wind durch die Bäume fährt und alles in Bewegung kommt. Sie kitzeln und streicheln uns, wenn wir ihnen nahe sind und sie uns sanft berühren. Sie erzählen auch Geschichten, für die, die lauschen mögen.

Berührung tut gut, ist Seelennahrung. Gerade auch, wenn wir traurig sind. Und so möchten die Geschichten berühren! Sie freuen sich darauf, Sie mit ihrem **TrostRauschen** zu umhüllen.

Heißen Kakao gibt´s auch im Himmel

Heinzi sah nicht nur anders aus als die anderen Schnecken, er war
besonders. Er war sogar sehr besonders! Man könnte sagen,
es wohnten viele Seelen in seinem Haus, die von Zeit zu Zeit ihre
Fühler ausstreckten und ihr Unwesen trieben. Heinzi tat das,
wonach ihm gerade der Sinn stand, und ließ sich vom Moment
des Geschehens inspirieren.

Heinzi arbeitete in einem Laden, wo es allerhand zu kaufen gab.
Wenn nicht zu viel zu tun war, konnte Heinzi schon mal auf wunder-
liche Gedanken kommen. So beobachtete er einmal Frau Strauß, eine
Kundin, die er sehr gut kannte, dabei, wie sie sich die Auslage ansah.
Heinzi grinste und rief plötzlich so laut, dass er im ganzen Laden zu
hören war: „Hey, Sie da! Sie haben doch etwas eingesteckt. Legen
Sie das sofort wieder an seinen Platz zurück." Frau Strauß erschrak.
Ihr wurde ganz heiß und kalt, und am liebsten hätte sie den Kopf
in den Sand gesteckt, doch weit und breit war kein Sand zu finden.
„Wie peinlich, wie furchtbar peinlich", dachte sie nur bei sich und
lief puterrot an. Das war ihr noch viel peinlicher, denn wie ein Puter
wollte sie erst recht nicht wirken. Heinzi kam ganz gelassen auf sie
zu. Wollte sie begrüßen, als sei nie etwas gewesen. Aber Frau Strauß
drehte ab und verschwand so schnell sie konnte.
Ein anderes Mal kam eine Giraffe in den Laden und wollte einen
Wecker umtauschen, der nicht funktionierte. Heinzi hat sich schlicht-
weg geweigert. Nicht mit Leopardenschnecke Heinzi. „Haben Sie
schon mal geschaut, wo der hergestellt wurde?", fragte er die
Giraffe reichlich genervt. „Wie Sie sehen können, kommt der aus
China. Wie soll der dann hier richtig laufen?" Wenn Heinzi so
etwas sagte, meinte er das genau so. Der Giraffe sind weitere
Worte in ihrem langen Hals steckengeblieben.

So war er, wo er ging und stand. Heinzi nahm kein
Blatt vor den Mund und sprach aus, was ihm gerade in

den Sinn kam. Er lebte und agierte in seinem eigenen Kosmos. Dabei war ihm auch piepegal, wie jemand darüber dachte. Jede Peinlichkeit war ihm fremd. Er fand das lustig.

Seine Chefin mochte ihn; das war sein Glück. Hätte sie ihm Vorschriften gemacht, hätte er seine sieben Sachen gepackt und wäre von dannen gerauscht. Doch er hatte bei ihr einen Stein im Brett. Sie drückte öfters mal ein Auge zu und ließ ihn die Dinge so machen, wie er sie für richtig hielt. Und ganz wichtig: In seinem Tempo! Heinzi und schnell waren nämlich zwei Worte, die absolut nichts miteinander zu tun hatten. Wenn man ihn drängte, ging der Schuss eher nach hinten los und Heinzi wurde noch viel, viel l a n g s a m e r . Man hätte sich auf den Kopf stellen können, Heinzi ließ sich durch nichts aus der Ruhe bringen und behielt erst recht sein Tempo bei. Egal wo und in welcher Gesellschaft er sich gerade befand, das machte für ihn keinen Unterschied. Für ihn waren alle gleich. Ob Schnecke oder Dinosaurier, Fledermaus oder Hyäne, Löwe oder Ameise, einfache Hütte oder Drei-Sterne-Restaurant, Café oder Kiosk, er war überall so, wie er nun mal war. Wenn ihm jedoch jemand dumm kam, hätte der sich warm anziehen müssen. Heinzi war nicht auf den Mund gefallen und seine Schlagfertigkeit war leopardenschnell.

Seine Mutter hatte er früh verloren und nur wenig Erinnerungen an sie. Seine Großmutter, die Landschildkröte Lydia, hatte sich um ihn gekümmert. Auf Oma Lydia ließ er nichts kommen, sie liebte er sehr. Oma hatte ihn beschützt, als er es am nötigsten hatte, als er allein war und Schutz brauchte. Oma Lydia hatte ein Herz voller Liebe. Bei ihr war es auch in stürmischen Zeiten warm und gemütlich. Heinzi war immer willkommen. Wenn er zu Besuch kam, gab es warmen Kakao und Kuchen, den er aus der warmen Kuchenform stülpen durfte. Der Duft war himmlisch. Oma Lydia wusste immer, wie Heinzi zumute war. Ihr konnte er sein Herz ausschütten und in ihren Augen war er genau richtig, so wie er war. Das gab ihm Selbstbewusstsein und Vertrauen ins Leben, denn als Leopardenschnecke merkte Heinzi bald, dass er etwas Besonderes war, und anders zu sein als die anderen, ist nicht immer leicht.

Heinzi liebte Musik, die ihn berührte, und er ließ sich von den Stimmen seiner absoluten „Queens of Queens" einfangen. Musik war alles für ihn, Rausch und Nahrung für die Seele. Er konnte sich darin verlieren. Wo Heinzi war, spielte die Musik - im wahrsten Sinne des Wortes. Mit ihm konnte man herrliche Dinge erleben und glückliche Stunden verbringen. Er war immer für eine Überraschung gut und scharte deshalb auch viele Freunde um sich, die von ihm begeistert waren.

Einmal folgte er dem Ruf der großen, weiten Welt. Er wollte in den USA Karriere als Fotomodell machen, also flog er kurzerhand hin, um professionelle Aufnahmen von sich machen zu lassen. Und natürlich auch, um die Freiheitsstatue zu sehen. Heinzi war begehrt, und er genoss es sehr im Mittelpunkt zu stehen, Staub aufzuwirbeln. Allerdings plagte ihn das Heimweh so sehr, dass er es nicht lange aushielt, und sich ein Ticket kaufte, um nach Hause zu fliegen. Das gab ein Fest, als er endlich wieder daheim war. Alle hatten ihn vermisst. Das Leben mit Heinzi war einfach schöner und bunter. Alle seine Freunde kamen zusammen, um eine große Party zu feiern und Heinzi wieder in ihrer Mitte zu begrüßen. Natürlich hatte er auch Fotos mitgebracht. Tolle Fotos, die ausgiebig bestaunt wurden.

Einer staunte am meisten. Er schaute Heinzi an und dabei machte sein Herz einen kleinen Hüpfer. Wie aus dem Nichts knisterte es so doll zwischen ihnen, dass auch Heinzi es spüren konnte, und Klaus, die Maus, trat in sein Leben. Klaus war ein stattlicher, sehr attraktiver Mäuserich, der ganz fasziniert von Heinzi war. Heinzi erschien ihm so frei und ungebunden. So stark und mutig, wie er frech daher kam und immer sagte, was er dachte.

11

Der traute sich was. Klaus sah Heinzi an und schaute dabei in seine eigene Seele. Denn das, was Heinzi sich traute, das wünschte er sich auch zu können. Er bewunderte ihn dafür und fühlte sich zu Heinzi hingezogen. Heinzi ging es mit Klaus, der Maus, ebenso. Klaus strahlte Ruhe aus. Er roch irgendwie nach Kakao und warmem Marmorkuchen, er roch nach Zuhause und nach Geborgenheit. Schnell war klar, dass sie das magische Rezept für eine wunderbare Beziehung in Händen hielten. Jeder konnte den anderen genauso nehmen, wie er war. Jeder ließ dem anderen seinen Entfaltungs- und Wirkungsraum. Eine Verbindung, die sie beide erfüllte. Sie beschlossen zusammenzuziehen.

Mit von der Partie war Suse Summsebiene, eine entzückende Flugbiene, die sich ebenfalls zu den beiden hingezogen fühlte und eine jahrelange Freundin von Klaus, der Maus, war. Zusammen bildeten sie ein einzigartiges und liebevolles Dreiergespann. Ein Gemisch aus Persönlichkeiten, die sich herrlich-himmlisch ergänzten und inspirierten. Und wenn Suse Summse in die Lüfte stieg, rief Heinzi: „Bring Münzen mit", denn Heinzi war ein leiden-schaftlicher Münzsammler. Er konnte Stunden damit verbringen, sie zu ordnen und zu betrachten.
Die Zeit verging. Zehn Jahre währte diese Wohngemeinschaft, bis Heinzi und Klaus in eine neue Behausung zogen. Ohne Suse Summse, denn sie war auch der Liebe ihres Lebens begegnet.

Und Heinzi fand eine neue Aufgabe, die ihn zutiefst begeisterte. Er sollte im Flughafen arbeiten. Dort fühlte er sich wohl. Er hatte Kontakt zu Reisenden aus aller Welt. Passagiere, die Hilfe brauchten, die zu klein waren, oder zu unbeweglich, konnten auf ihn zählen. Er wurde ihnen zur Seite gestellt, um sie zu betreuen und zu unter-stützen. Heinzi ging dieser Aufgabe sehr gerne nach. Er konnte sich um andere kümmern, was eine seiner Lieblingsaufgaben war. Zudem liebte er das internationale Flair, die Stimmung auf dem Flughafen und die zahlreichen Begegnungen mit seinen wechselnden Schützlingen.

Jetzt hätten wir in ein schönes Happy End hineingleiten können, doch Heinzi wurde krank. Auch als es ihm gesundheitlich schlechter ging, wollte er seiner Arbeit nicht fern bleiben. Er stand lieber vier Stunden früher auf, nahm all seine Kraft zusammen und ging weiterhin zum Flughafen. Irgendjemand musste schließlich die Tiere aus aller Welt begrüßen.

Doch seine Kraft ließ immer mehr nach und Heinzi spürte, dass er nicht mehr lange auf dieser Welt sein würde. Vieles, was er sich zum Schluss gewünscht hat, konnte ihm erfüllt werden. Dazu gehörte eindeutig, das Krankenhaus der Tiere zu verlassen.

Obwohl Klaus, die Maus, sich davor fürchtete, die Verantwortung zu übernehmen, hat er für Heinzi all seinen Mut aufgebracht. Es ist nicht leicht, die Verantwortung für eine kranke Leopardenschnecke zu tragen, aber Klaus, die Maus, hat es aus Liebe zu Heinzi gewagt. Heinzis größter Wunsch war es, zu Hause sein zu können. Die beiden haben sich gegenseitig Kraft gegeben und Mut gemacht. Heinzi hatte keine Angst vor dem Tod. Er hat ihn erwartet, um mit ihm zu gehen.

Zu Hause sein zu können schenkte Heinzi viel positive Energie. Er freute sich sehr auf Weihnachten und auf das Silvesterfest mit seinen Freunden. Am Silvestermorgen war er ohne Kraft. Er konnte nicht mehr aufstehen, und genoss es dennoch, dass alle in gewohnter Runde um ihn waren. Es schien, als habe er all seine Kräfte bis zum Jahresende zusammen genommen, um danach sanft in den Armen von Klaus, der Maus, zu entschlafen und sich auf den Weg ins Land der Verstorbenen zu machen. Sicher hatte Oma Lydia, die Landschildkröte, schon den Kakao vorbereitet, um Heinzi liebevoll in Empfang zu nehmen.

Und wenn Ihr mal genau hinhört, dann singt doch da wer...

Eine Wohlfühltüte Leben

Henrik war eine Eule, die manche im Stillen gerne „Hygge" nannten,
denn Henrik war außerordentlich gemütlich und wusste das Leben zu
genießen. Wenn die Temperaturen fielen, hatte er es gerne besonders
heimelig. Dann rückte er mit seiner Familie zusammen. Im Inneren
eines alten Baumes hatten sie sich ein kuscheliges Plätzchen ein-
gerichtet. Henrik war ein wunderbares Wesen; liebenswert und positiv.
Er hat so manche Zusammenkunft der Eulen um seine Gegenwart
bereichert und für seine Familie war er der gute Geist.
Henrik war schon immer eine neugierige und wissbegierige kleine
Eule gewesen und wo es etwas zu lernen gab, da war er nicht weit.
Kein Wunder, dass er gerne mit den anderen Eulen in die Waldschule
ging, wo sie lernten, ihr Gehör zu schulen, den lautlosen Flug zu
trainieren und zu jagen. Dort lernte Henrik Nils und Erik, seine
liebsten Freunde, kennen, die ihn ein Leben lang begleiten sollten.
Obwohl er kein begnadeter Sänger war, versuchte er sich auch einmal
im Chor der Singvögel und der Gesang schallte durch den Wald. Die
ganze Familie war zusammen gekommen und lauschte andächtig.
Sie waren verzückt. „Wir hören Henrik." Doch die Begeis-
terung hielt nicht lange an, da Henrik, während sie ihn
beim Chor wähnten, angeflattert kam und die Familie
verdattert feststellen musste, dass er gar nicht beim
Treffen des Chores dabei gewesen sein konnte.
Wenn er diese Geschichte erzählte, lachte er jedes
Mal verschmitzt und erfreute sich an der Reaktion
seiner Zuhörer.
Henrik war viel im Wald unterwegs und kannte jeden
Bach, Baum und Stein. Das Reisen gehörte zu Henrik
wie eine zweite Haut. Er liebte es unterwegs zu sein,
Tiere und deren Lebensraum zu verstehen und aufmerk-
sam die Landschaft und Umgebung zu erkunden. Wenn er
dann wieder eine Zeit lang zu Hause war, konnte ihn das Fernweh
ganz plötzlich packen.

Eine Frohnatur war er, immer gut gelaunt, freundlich und fröhlich. Seine Meinung wurde geschätzt, denn er wählte seine Worte mit Bedacht. Nie hätte er übereilt reagiert. Er ließ sich Zeit, seine Überlegungen abzuwägen.

Die Jahre vergingen, Henrik war Vater und Großvater geworden und auch seinen Lieben hatte er die Freude am Lesen ans Herz gelegt. Oft sah man ihn in eines seiner vielen Bücher vertieft, an einem ruhigen Ort sitzen. „Opa ist die klügste Eule der Welt", sagte dann die kleine Line zu ihren Freundinnen, wenn sie ihren Großvater bei einem Streifzug durch den Wald auf einem Ast entdeckte.
Man konnte Opa Henrik alles fragen, er wusste Bescheid. Wo im Wald die besten Ausguckplätze waren, wo es sich am gemütlichsten in der Sonne sitzen ließ, wo man den Mond bestaunen konnte, wo der beste Platz zum Jagen war - alles was eine Eule wissen muss, war ihm geläufig. Henrik war sehr, sehr weise und er trug einen immens großen Schatz an Wissen mit sich herum.

Henrik wusste auch, wo die schönsten weißen Blüten zu finden waren. Wenn er nämlich eine Wiese mit weißen Blüten fand, setzte er sich hinein und genoss die Ruhe und den Blumenduft.
Henrik war nicht nur belesen, er war auch achtsam und hatte alles im Blick. Er genoss es gut informiert zu sein. So kam es, dass auch Zuhören zu seiner Leidenschaft wurde. Es war das Geben und Nehmen, das die Gespräche mit ihm interessant machte - ruhig und ausgeglichen. Dabei war er lustig und hatte immer einen guten Spruch auf den Lippen. Feierlustig war er obendrein, die Nacht war seine Stunde.

Schon als junger Eulenmann lernte er seine Seelen- und Lebensgefährtin, die sanfte Lis, im ältesten Vergnügungspark des Waldes kennen. Mit ihrer Fröhlichkeit erwärmte Eulenmädchen Lis sein Herz. Hübsch war sie sowieso. Von da an flogen sie gemeinsam durch das Leben und gründeten eine Familie. Ihre wunderbaren Kinder, Ulrik und Janne, machten ihr Glück komplett.

Henrik strahlte vor Freude, als er auch noch Großvater werden durfte. Fünf kleine Eulen schenkten ihm seine Kinder, die nah und fern im Wald wohnten. Henrik war immer sehr stolz auf seine Familie. Anteilnehmend verfolgte er deren Leben und Werdegang in tiefer Verbundenheit.

Die regelmäßigen Zusammenkünfte waren für alle eine Freude. Jedes Familientreffen bot Raum für gemeinsame Unternehmungen und Zeit beisammen zu sitzen. Die gemeinsame Zeit genossen alle am meisten. Es konnte auch vorkommen, dass Henrik mit seiner Lis bei einem Spiel anzutreffen war. Beide spielten gerne Badminton, was sie fit und dynamisch hielt. Oder sie kamen in einer Runde zum Bridgespiel zusammen. Sie zusammen zu erleben, war immer ein Genuss. Gerne hat er in der Nähe seiner Lis Platz genommen, sich Zeit mit ihr gegönnt und liebevolle Gespräche geführt. In dieser Zweisamkeit war ein „WIR" spürbar, eine lebenslange Verbundenheit, die durch viele Erlebnisse und gemeinsame Wege gewachsen ist. Henrik war dankbar für die Fülle seines Lebens und er hat gerne gelebt.

Und dann kam der Tag, der offenbaren sollte, dass sich alles verändern würde. Die Familie war von einer Zusammenkunft wieder in ihren Baum im Wald zurückgekehrt, als Henriks Körper nicht mehr seinem Willen gehorchte. Es folgte eine Zeit voller Hoffnung und Trauer, Freude und Verbundenheit, eine Zeit der Dankbarkeit für das, was noch gemeinsam möglich war, des Umdenkens und Annehmens, des Widerstands, der Sorge. Eine Zeit der Liebe - trotz des Abschieds und über diesen hinaus. Ja, ihre Liebe war so groß, dass sie Henrik bis an das Tor der anderen Welt begleiten wollten.
Es wurde immer deutlicher, dass Henrik sich vorbereitete, den Wald und seine Lieben für immer zu verlassen.
Vom Kopf her blieb Henrik aktiv und klar mit ganz viel Unternehmungsdrang, Ideen und Interesse, während sein Körper wie gefesselt schien.

Henrik hat seinen wunderbaren Humor bis zum Ende seines Lebens behalten und intensiv am Leben seiner Lieben teilgenommen. Der innere Kreis kam noch einmal für ein paar Tage zusammen, um miteinander Zeit zu verbringen und diese zu genießen. Das letzte gemeinsame Weihnachtsfest war wieder richtig gemütlich. Besonders Lieder und Leckereien haben Henrik gefallen. Auch in dieser Zeit hatte er immer einen Scherz auf den Lippen. „Du hast es aber nicht eilig, oder?", zwinkerte er seiner Tochter spitzbübisch zu, als sie mal etwas länger brauchte, ihm das Gebäck zu reichen. Einmal konnte er kaum sprechen, weil sein Mund so trocken war. Nach einem Schluck Wasser verkündete er mit erhobener Stimme: „Jetzt habe ich aber zu viel getrunken!" Und wieder brachte er mit seinem herrlichen Humor alle zum Lachen.

Henrik hat sich nie aufgegeben und immer gekämpft. Er hat nie etwas gefordert und hat es verstanden, seiner Situation mit einem schelmischen Lächeln zu begegnen. Mit unfassbarer Tapferkeit hat er sein Schicksal angenommen und ist mutig seinen Weg gegangen - bis zu seinem letzten Atemzug. Seine Familie hat die Zeit, die ihr mit ihm verblieb, intensiv genutzt. Sie wird von allen rückblickend als eine ganz besondere Zeit empfunden, in der so viel noch möglich war und man sich seine gegenseitige Liebe, Freundschaft und Zuneigung versichern konnte. Die Rede ist da von unglaublich tollen Stunden und wunderbaren Gesprächen. Bis zuletzt blieb ein jeder positiv.

Und dann zog Henrik in den Abflugort für Eulen, das Haus zwischen den Welten. Er wusste, dieser Ort würde seine letzte Station im Wald sein. Die Pflege, die schöne Stimmung und Freundlichkeit, die er dort erlebte, verlieh ihm und seinen Lieben eine Art Wohlempfinden, das Gefühl des „gut aufgehoben Seins". Dafür war die wunderbare Eulenfamilie sehr, sehr dankbar. Allen wurde letztendlich deutlich, dass dies die letzten Tage und Stunden mit Henrik waren. „Ich geh jetzt raus", ließ Henrik einmal ungeduldig verlauten.

Aber was er auch noch sagte war:
„Ich werde Euch so vermissen."

Und dann flog er los.

Der Löwe, der nicht wusste, dass er fliegen konnte

Es war an einem heißen Sommertag. Die Sonne stand hoch am Himmel. Im Garten hatten sich die Hasen ein schattiges Plätzchen gesucht und mümmelten an ihren Salatblättern, als sie das leise Gurren und Miauen eines Neugeborenen vernahmen. Sie stellten ihre Löffel auf und hörten genau hin. Endlich war er da, der neue kleine Löwe, den sie schon so lange erwartet hatten. Am runden Bauch von Frau Löwe, die ihnen täglich Futter und frisches Wasser brachte, hatten sie zunächst nichts auffällig gefunden, bis sie erste Regungen bemerkten und wussten, dass dort etwas heranwuchs. Sie erzählten es jedem, der es hören wollte. Selbst die Ameisen, die Schmetterlinge, Bienen und Fliegen im Gemüsegarten wussten Bescheid. Und nun war er zur Welt gekommen und durchdrang mit seinem Babylöwenmiauen die Stille des Vormittags. Alle Tiere wollten ihn willkommen heißen.

Wie er wohl werden würde, fragte sich Mutter Häsin. Wird er ein freundliches Löwenkind oder eines, was die Tiere quält. Sie hatten schon unterschiedlichste Charaktere kennengelernt und nicht alle waren ihnen freundlich gesonnen. Der Mann von Frau Löwe zum Beispiel war grob und rau. Mit den Hasen ging er nicht freundlich um. Manchmal kam er und zerrte einen von ihnen an den Ohren aus dem Stall, um ihm das Fell über die Ohren zu ziehen. Davor hatten sie schreckliche Angst. Auch hatten sie gehört, dass er seine Frau schlug, wenn sie ihm im Weg stand oder ihm nicht seinen Willen ließ. Nein, mit ihm wollten sie nichts zu tun haben.
Aber sie waren liebevolle kleine Hasen. Sie kannten keine Vorurteile und wollten sich von jedem Lebewesen ein eigenes Bild machen. Je nachdem, wie er sich ihnen gegenüber zeigen würde; und so waren sie voller Erwartung auf das neue Löwenjunge.
Sie sollten Glück haben mit dem kleinen Kerlchen, denn er mochte Tiere sehr. Die Hasen wurden ein Zufluchtsort für den kleinen

Andreas, der sich bei ihnen vor dem groben Vater in Sicherheit brachte und weinte. Dann rückten sie näher an ihn heran und schützten ihn mit ihrem weichen Fell, streichelten ihn sanft und wisperten, dass sie ihn lieb haben und er sich bei ihnen nicht fürchten müsse. Andreas verstand.

Seine Welt teilte er mit allen anderen Tieren, denn die Tiere waren seine Freunde. Die Hasen, Hunde, Katzen und Fische. Und obwohl er die Hasen liebte, so waren es doch die Vögel, die sein Herz am meisten berührten. Sie konnten sich einfach in die Luft erheben und der Welt im Fluge entfliehen. Von dieser Freiheit fühlte er sich immer mehr angezogen. Gern wollte er sein Leben mit ihnen teilen. In ihren Liedern meinte er den Zauber der Leichtigkeit zu hören und zu verstehen, träumte er doch davon, seiner Wirklichkeit zu entfliegen.
Den Hasen sagte er zusammen mit der Welt seiner Kindheit adieu, denn er musste zum Militär. Sie versuchten, einen anständigen Krieger aus ihm zu machen, und einmal mehr litt seine sanfte Seele, die sich nach Frieden und einem achtsamen Miteinander sehnte.

Andreas spürte, wie die Kälte in seinem Herzen langsam zunahm. Er wusste nicht mehr ein noch aus und wusste sich nicht zu helfen. Einer seiner Kameraden bot ihm einen Schluck aus seiner Wodkaflasche an. Das wärmte ihn und gab ihm einen Moment des Friedens, wenn sich seine Wahrnehmung vernebelte. Das schien ihm ein Heilmittel und er griff immer öfter danach.
Andreas verschloss sich vor der Welt. Versteckte er sich früher vor seinem bösen, aggressiven Vater im Hasenstall, so versteckte er sich nun vor der bösen Welt in sich selbst.
So kam es, dass er sich immer mehr vor den anderen zurückzog und sein Leben nur mit der Flasche und den Vögeln teilte. Oft sah man ihn in deren Käfig sitzen - umgeben von den singenden, flatternden Freunden, die er pflegte und hegte, als wären sie ein Teil von ihm. Zeitlebens blieben sie sein Rückzugsort, all die Wachteln, Diamantentauben und Kanarienvögel. Mit ihnen konnte er „verschwinden",

konnte aus der harten Wirklichkeit seines Lebens aussteigen und sich seinen Gedanken hingeben. Um sie konnte er sich kümmern und sich ihrer annehmen. Sie konnte er beschützen, wo er sich selbst schutzlos fühlte.

Eines Tages lernte er eine junge Löwin kennen, die sein Herz berührte. Zart und unschuldig war sie, voller Liebe und neugierig auf das Leben. Sie spürten eine Verbundenheit, die über viele Jahre währte, auch wenn sie sich zwischenzeitlich aus den Augen verloren hatten. Als sie dann wieder aufeinandertrafen, gaben sie der Liebe Raum und wollten fortan gemeinsam durch das Leben ziehen. Andreas war glücklich. In ihrer Nähe fühlte er sich geborgen und sicher. Die Liebe wurde durch zwei wunderbare Kinder gekrönt, die Vater und Mutter sehr, sehr liebten. Die beiden wuchsen zu guten und freundlichen Töchtern heran.

Doch auch wenn Andreas ein guter Vater zu sein wünschte, holte ihn seine Vergangenheit immer wieder ein. Die Erlebnisse, die er als junger Löwe hatte durchstehen müssen, lagen wie Schnee auf seinem Herzen, der nicht tauen wollte. Gepeinigt von seelischen Schmerzen zog ihn der Geist der Flasche zunehmend in seinen Bann.

Die Liebe seiner Familie konnte daran nichts ändern. Er konnte sie kaum spüren, war doch eingeschlossen in seiner eigenen Wahrnehmung und hatte es dem Geist der Flasche überlassen, sich seiner Gefühle anzunehmen. Trost fand er im Wodka, der ihn betäubte.

Niemand konnte sich Andreas ohne seine Vögel vorstellen. Vielleicht haben sie ihm die Kraft zu leben gegeben. Vielleicht ahnte er aber auch, dass er selbst ein Kind der Freiheit war, mit Flügeln, stark genug, den Schnee von seinem Herzen zu fegen, aber ihm fehlte der Mut.

Als er eines Abends bei seinen Vögeln saß, sie zu pflegen, den Wodka an seiner Seite, da kam Väterchen Tod vorbei, öffnete seine Arme und nahm ihn mit sich in das Reich des Friedens und Vergessens. Dort wuchsen Andreas die Flügel, die ganz natürlich schon immer zu ihm gehört hatten.

Lautsprecherboxen für die innere Stimme

Wenn der tüchtige, kleine Maulwurf, Meister Brand, in seiner Werkstatt war, ging es ihm gut. Ganz besonders gut sogar, denn dann beschäftigte er sich mit den Dingen, die ihm am Herzen lagen. Er heilte seine Freunde: Bügeleisen, Toaster, Staubsauger, Lampen, Mixer, alle, die ihren Weg zu ihm fanden. Wenn er den Dingen auf den Grund gehen und nachspüren konnte, warum die Gefährten so mancher Haushalte nicht mehr funktionierten, fühlte er sich frei und leicht. Meister Brand hatte es sich zur Aufgabe gemacht, diese Gegenstände wieder funktionstüchtig zu machen. Nachhaltigkeit und Langlebigkeit waren ihm wichtig.

Ausrangierte Sachen fanden bei ihm einen guten Platz. Alle Reparaturen waren willkommen, denn dann war er gefordert und seine Fähigkeiten, die Dinge wieder ans Laufen zu bringen waren gefragt. Wegschmeißen kam ihm nicht in die Tüte. „Man weiß ja nicht, ob man es noch einmal für etwas gebrauchen kann", war sein Motto. Der Akt des Kaufens hatte bei ihm noch nie im Mittelpunkt gestanden. Bei ihm ging es um die Befriedigung der echten Bedürfnisse. Er hatte lieber etwas Kaputtes zum Reparieren als etwas Neues. Es wurde wirklich gar nichts weggeschmissen. Wenn ein Begleiter partout nicht mehr zum Laufen zu bringen war, wurde er liebevoll in seine Einzelteile zerlegt und zur Ruhe gebettet, indem Meister Brand alles fein säuberlich den vorgesehenen und eigens dafür beschrifteten Schubladen zuteilte. Sein Lager war mehr als gut ausgestattet: es füllte mehrere Räume. Im Grunde genommen war Meister Brand ein Doktor für die Gebrauchsgegenstände des Alltags. All die wunderbaren Arbeitshilfen, die man tagtäglich in die Hände nimmt, wurden von ihm geschätzt und achtsam behandelt. Er wusste um ihren Wert und unterhielt sich sogar mit ihnen. „Wie geht es dir? Was ist denn nur geschehen?", fragte er ein Bügeleisen. „Willst du nicht mehr? Hast dein Leben lang genug gearbeitet! Fehlt dir etwas, bei dem ich dir helfen kann?"

Und dann schaute er sorgfältig in das Innerste des Bügeleisens hinein. In seinen Händen entspannten sich die Geräte wieder und wussten im Grunde gar nicht mehr, warum sie zu arbeiten aufgehört hatten.

Manchmal waren sie nicht richtig gepflegt worden und hatten vor lauter Trauer darüber das Arbeiten aufgegeben. Ein anderes Mal hatte sich eine Schraube gelockert oder zwei Kabel hatten sich auseinander gelebt. Wenn die Verbindung unterbrochen war, erschwerte das die Kommunikation. Letztlich waren die Geräte sinnbildhaft das, was ihre Besitzer auch waren: Persönlichkeiten, die sich nach Aufmerksamkeit sehnten und jemanden suchten, der sie lesen konnte, der verstand, was sie sich wünschten, ohne dass Worte nötig gewesen wären. Wie gut, dass sie da auf Meister Brand trafen, der ihnen seine Aufmerksamkeit schenkte.

„Bad Goldsteinhausen", nannte er die Ansammlung der Häuser liebevoll, wo er zu Hause war. Er war schon in diese Siedlung hineingeboren worden und als kleiner Maulwurfjunge dort aufgewachsen. Sein Garten steckte voller Erinnerungen und lebte. Manchmal hielt er Überraschungen für Meister Brand bereit, indem er ihm alte Bilder schenkte. Wenn er im Frühling in den Garten ging, sah er sich an mancher Stelle als kleiner Kerl beim Murmelspiel mit seinen Freunden. Am hauseigenen Brunnen schenkte ihm der Garten das Bild seines Sohnes, wie er im Sommer darin plantschte. Das schattige Plätzchen inmitten des Gartens hatte es besonders in sich. Dort hatte er so manches Mal einen Kuss mit seiner Hildus, das war der Kosename seiner zweiten Frau, getauscht. Brunhilde war leider schon verstorben. Jetzt war er ganz allein in diesem großen Haus, allein mit diesem großen Garten und der großen Werkstatt. Wie gut, dass er so viele Maulwürfe kannte, denn Meister Brand war bekannt wie ein bunter Hund. Vor lauter Grüßen, Winken und Erzählen erreichte er sein Ziel oft nur mit Verspätung. Hier war die Welt noch in Ordnung. Goldsteinhausen war Meister Brands Wohlfühloase. Hier genoss er das Leben.

Und Meister Brand war Genussmensch. Er liebte gutes Essen. Eine Metzgerei war für ihn ein Paradies. Sein Lieblingsort in seinem Haus war die Küche, wusste er hier doch den Kühlschrank in greifbarer Nähe. Ein bodenständiger, bescheidener Maulwurf war er, der nicht viel zum Leben brauchte: Lieber ging er in die Apfelweinkneipe als in ein Sterne-Restaurant, und sein Blaumann war ihm näher als ein Anzug. Sein Leben lang konnte man sich mit ihm über Politik und aktuelle Themen unterhalten. Auch hier war er geradlinig, manchmal unbequem, und er ging immer mit dem Kopf durch die Wand. Meister Brand war ein Gerechtigkeitsfanatiker im Kampf für die Unterdrückten - stur und dickköpfig. An seiner Meinung gab es nichts zu rütteln.

Seine Freunde waren ihm zugetan. Bei ihnen konnte er sein, wie er wollte. Sein Goldsteinhausen und seine Werkstatt waren sein Ein und Alles. Wenn man mitternachts bei Vollmond in seine Werkstatt ging, dann hörte man ein Wispern und Raunen, ein Rascheln und Klappern, ein Stöhnen und Zischeln. Dann konnte man Zeuge von all den Gesprächen werden, die in der Werkstatt von Meister Brand geführt wurden. Alle Gegenstände, die er jemals in der Hand gehabt hatte, waren zutiefst beeindruckt von seinem Können und seiner liebevollen Art. Natürlich waren sie ihm zugetan, durften sie durch ihn doch erst wieder ihren Wert erfahren.

Sie hatten es alle schon geahnt: Meister Brand würde nicht mehr in sein Goldsteinhausen zurückkehren, nicht mehr in sein Haus, nicht mehr in den Garten und auch nicht mehr in die über alles geliebte Werkstatt.

Die ersten Anzeichen dafür hatten seine Freunde längst wahrgenommen. Dass Meister Brand immer seltener in die Werkstatt kam, dass er schwerer atmete und sich sehr, sehr langsam bewegte. Dass er Flüssigkeit in sich angesammelt hatte, die da nicht hingehörte, und dann ging alles sehr schnell. So schnell, dass er sich nicht einmal verabschieden konnte. Nicht einen Blick hatte er mehr in seine Werkstatt werfen können. Sein Sohn hatte ihn stehenden Fußes mitgenommen, als er des Gesundheitszustandes seines Vaters bei einem Besuch gewahr wurde.

Meister Brand hatte sich gewehrt. Er war sich des Ernstes seiner
Lage erst nicht bewusst gewesen, und auch als sein Körper Hilferufe
sendete, wollte er nicht einsehen, dass ein Arztbesuch sinnvoll war.
Er ging nie zum Arzt. Seine leise innere Stimme, die ihm geraten
hatte, sich Hilfe zu holen, hatte er immer ignoriert. Er fürchtete den
Arzt wie der Teufel das Weihwasser, das wussten auch alle in der
Werkstatt.
„Komisch", sagte die Schraube: „Er war für uns da, aber hat sich selbst
keine Unterstützung für seine Gesundung geholt." Das fanden auch
alle anderen merkwürdig. Meister Brand hatte seine „Wehwehchen"
schon immer ignoriert und als sie größer wurden auch keinen anderen
Ausweg gewusst, als wegzuhören. Nun brauchte er aber Hilfe und
medizinische Unterstützung.

Seine Gesundung dauerte seine Zeit, und als es ihm besser ging,
kam er in das Haus zwischen den Welten, um wieder zu Kräften zu
kommen. Was zuerst nur als Zwischenlösung gedacht war, fühlte
sich dann aber für ihn so stimmig an, dass er entschied, dort zu
bleiben. Er hatte Freunde gefunden und Meister Brand genoss den
wunderbaren Service in diesem Haus, das liebevolle Miteinander,
die guten Gespräche und das Essen. Er hatte Glück - hier wurde für
ihn gesorgt, ein Ort, der von den Tieren besucht wurde, sich auf die
Reise aus dem Leben vorzubereiten.

Es sollte allerdings nicht lange dauern, da spürte er, dass seine
Kräfte nachließen. Das fühlten auch die Gefährten, die ihn umgaben,
und sie machten es ihm richtig gemütlich. Liebevoll und achtsam
gingen sie mit ihm um. Eines Tages legte er sich in sein Bett, warf
einen letzten Blick auf seinen Nachttisch, der mit Blumen geschmückt
war, und hörte ein Rufen. Die Stimme kannte er gut, hatte er sie
doch viele Jahre an seiner Seite geliebt. „Kommst du", sagte sie.
„Ich warte schon eine ganze Weile auf dich. Es ist Zeit, die Brücke
in das Land jenseits des Regenbogens zu betreten." Auf diese Stimme
hatte er gewartet. Er hatte ein wenig Angst gehabt, alleine gehen zu
müssen. Doch dann sah er sie.

Brunhilde hatte ihre Arme ausgebreitet, um ihn in Empfang zu nehmen. Das war sein Zeichen. Nun konnte er entspannt loslassen, was sich auch in seinen Zügen widerspiegelte.

Hildus empfing ihn voller Glück und drehte sich mit ihm im Tanze. Die Freude ihn bei sich zu haben, ließ sie alles andere vergessen, und als sie wieder aufblickten, warfen sie einen Blick auf das letzte Bild von Meister Brand, das sich auf Erden zeigte. Er lag da wie ein Engel. Auf seiner Bettdecke befanden sich lauter Rosen, die dort von den Mitbewohnern als Abschiedsgruß niedergelegt worden waren, und bevor Hildus mit ihm liebevoll vereint die Brücke betrat, sah er noch, wie sie seinem verstorbenen Körper zum Abschied nachwinkten, als dieser das Haus zwischen den Welten verließ.

Überfüllte Räume ungelebter Träume

Es war einmal.... so fangen viele Märchen und Geschichten an. Sie fangen so an, weil sie weit zurückliegen und es die Menschen, von denen sie erzählen, nicht mehr gibt. Zumindest die, die die Hauptrolle spielen. Die anderen, die Familie und Freunde, die sind noch da - vielleicht, wenn das Schicksal es gut mit ihnen meint.

Der Bär Mika lebte in einem Wald. In diesem Wald war er geboren und in diesem Wald sollte er auch seine letzten Atemzüge nehmen. Er war ein dicker, großer - ja, man muss sagen - ein äußerst wohlgenährter Bär, der XXL-Formate beim Essen bevorzugte. Mika war immer hungrig, und mit Essen konnte man ihn glücklich machen. So sind sie nun mal, die Bären. Sie fressen sich gerne rund und dick, damit sie im Winter ihren Winterschlaf halten können.

Mika hatte viele Freunde, denn er war ein Sammler. Jeder im Wald wusste das. Wenn die Tiere ihre Sachen loswerden wollten, dann beauftragten sie den Specht, Mika eine Nachricht in den Baum zu trommeln, und Mika kam herbei, um die Sachen abzuholen. Er brachte sie alle in seine Höhle, und als seine Höhle randvoll war, suchte er sich eine neue, die er füllen konnte - und noch eine, und noch eine. Das ging schon sein ganzes Leben lang so und Ihr könnt Euch vorstellen, dass viele Höhlen seine Sammlungen in sich bargen. Er hatte das Sammler-Gen! Von wem er es geerbt hatte, wusste niemand. Es war auf einmal da.

Natürlich hatte Mika auch eine Frau, die er sehr liebte. Sie war so ganz anders als er, liebte Ordnung und hatte es gern überschaubar. Sie hatte alle Hände voll zu tun, die Höhle, in der sie gemeinsam lebten, soweit sauber zu halten, dass sie es sich dort überhaupt gemütlich machen konnten. Denn wenn sie ihren Mika gelassen hätte, wie er wollte, wäre die Höhle schnell mit all den Sachen voll gewesen, die er fand oder geschenkt bekam.

Mika hatte auch zwei Bärentöchter, die er sehr liebte. Leider wohnten sie in einem anderen Wald und er konnte sie nicht so oft sehen. Aber wen er noch mehr vermisste als die beiden Töchter, das waren seine Bärenenkel Luca, Marlon, Lias und die Zwillinge Levy und Lauri, süße,

kleine Kerlchen, für die er bis ans Ende der Welt gegangen wäre. Ihnen gehörte sein großes Großvater-Bärenherz und natürlich jede Aufmerksamkeit, wenn sie zu Besuch waren. Dann beschenkte er sie mit all den Dingen, die er in der Zwischenzeit hatte ergattern können, und das war dann so viel, dass man hätte glauben können, er wäre Großvater von 15 Enkeln.
So lebte der Bär in seinem Wald und ließ es sich wohlergehen. Wenn es seiner Bärenfrau, den Töchtern und Enkeln gut ging, ging es auch dem Bären Mika gut.

Eines Morgens wachte Mika auf und sah Dinge in seiner Höhle, die da gar nicht hingehörten. Er sah Tintenfische, Krebse und Quallen, wie sie sich in seiner Bärenhöhle breit machten. Er sah sie durch seine Höhle kriechen und konnte sich das nicht erklären. Dazu kam, dass er der einzige war, der sie sehen konnte. So fragte er seine Frau Helga, ob sie sie auch sehen würde, und als sie das verneinte, erschrak er sehr, denn er vertraute ihr und wusste nun, dass er seiner Wahrnehmung nicht mehr trauen konnte. Frau Bär machte sich Sorgen und rief nach der Eule, die als weise Ärztin im Wald aktiv war. „Was können wir tun?", fragte sie Frau Eule. Doch deren Krankenstation war gerade belegt und sie beschwichtigte Frau Bär: „Das wird schon wieder, machen sie sich keine Sorgen." Aber es wurde nicht mehr gut. Herrn Bär ging es immer schlechter, er verlor sogar das Bewusstsein und fiel um wie ein Baum. Da wo er lag, blieb er auch liegen. Die Tiere, die in aller Eile herbeikamen, um nach ihm zu schauen, konnten ihm nicht mehr helfen. Mika entschlief der Welt immer mehr und mehr. Doch auch wenn er für seine Lieben nicht mehr ansprechbar war, so war er in seiner Zwischenwelt noch ganz wach. Er versuchte immer wieder in seinen Bärenkörper zu steigen, was ihm aber nicht gelang. Da kam ein Engel zu ihm, der ihm bei dem Versuch zuschaute, wieder in seine Bärenhaut zu gleiten. „Was machst du da?", fragte der Engel. „Ich möchte zurück ins Leben", sagte der Bär. „Hm", meinte der Engel. „Um wieder in deinen Körper zu gelangen, musst du innerhalb einer Stunde durch alle deine Höhlen gehen, die du dir im Laufe deines Lebens angelegt hast." Der Bär schaute ihn an und die Erkenntnis träufelte langsam in seinen Kopf. „Das schaffe ich nicht in einer Stunde", sagte er. „Die Höhlen sind angefüllt mit all den Dingen, die ich in meinem Leben angesammelt habe, all die Dinge, von denen ich dachte, dass ich sie noch einmal gebrauchen könnte. Meine Höhlen sind randvoll bis unter die Decke, ich schaffe es nicht da durchzugehen. Eine würde ich vielleicht schaffen. Reicht eine?", fragte er und schaute den Engel flehentlich und überaus traurig an. Der Engel hatte Mitleid mit ihm, doch er konnte nichts für ihn tun. „Weißt du, lieber Bär", sagte er. „In deiner Höhle sind all die Dinge gelagert, die dich daran gehindert haben, mit Leichtigkeit und Freude durch dein LEBEN zu gehen. Immer wenn du gedacht hast, dass du dieses oder jenes noch einmal gebrauchen könntest, hat es dir einen Teil deiner Lebenskraft genommen und hat dich schwerer gemacht. Du bist müder und müder geworden, denn sie haben in dir Raum eingenommen. Und mit der Zeit, ohne dass du es gemerkt hast, sind sie ein Teil von dir geworden. Und so hast du jetzt keinen Platz mehr in dein Leben zurückzufließen.

Da schaute der Bär auf sein Leben und ihm wurde bewusst, wieviel Zeit er mit dem Sammeln verbracht hatte, ohne dass es ihm von großen Nutzen gewesen war. All die Möglichkeiten hatte er zwar gesammelt, aber sie wurden nie lebendig. Statt sich zu entfalten und Platz für etwas Neues zu schaffen, hatte er lieber immer größere Höhlen gefüllt und sich dabei vergessen.

Und so kam es, dass er nicht zurück in sein Leben konnte, weil er sich selbst den Weg dorthin verbaut hatte - durch die Art, wie er durchs Leben gegangen war. „Sei nicht traurig, lieber Bär", sagte dann der Engel. „In dein altes Leben kannst du nicht zurück, denn es geht nur nach vorne. Aber vielleicht wirst du irgendwann die Chance bekommen in ein neues Leben zu gehen - mit all dem, was du jetzt weißt. Und vielleicht wirst du deinen Weg dann mit mehr Leichtigkeit und Freude gehen können."

Der letzte Weg, die Liebe im Gepäck

Rabe Mimo war ein wilder, zerrupfter Vogel, denn er liebte
das Motorradfahren. Kein Wunder also, dass sein Federkleid
immer ein wenig auf Sturm stand. Er war herrlich frech und
hatte viele coole Sprüche auf Lager, mit denen er andere Raben
oder Nichtraben beeindruckte. Das konnte er gut, denn er hatte
es drauf. Er brachte andere gerne zum Lachen und hatte dabei
einen ausgeprägt schwarzen Humor.

Was er beim Motorradfahren am meisten liebte, war die Geschwin-
digkeit und die Sonne auf seinem herrlichen Federkleid. Wild und
verwegen der Sonne entgegen, denn den Winter mochte er nicht
leiden. Der Sommer war seine Lieblingsjahreszeit. Mimo war so
verlässlich wie sein Tagesrhythmus. Man konnte die Uhr nach ihm
stellen. Er nahm immer am Leben teil und hat sich nie gehen lassen.
Selbst wenn er mal ohne Arbeit war, stand er früh auf und hatte
allerhand zu erledigen. Mimo Rabe hatte immer einen Plan, war
immer zwei Schritte voraus.
Dabei war er bestimmt nicht auf den Schnabel gefallen. Er sagte,
was er dachte. Klar und gerade heraus. Seinen Schnabel konnte er
nicht halten. Auf sein Bauchgefühl konnte er sich verlassen und er
besaß unglaublich viel Erfahrung.
Da wundert es uns nicht, dass er sich mit ebenso zuverlässigen
Leuten umgab. Das war für ihn überlebenswichtig.

Zwei wunderbare Rabentöchter hatte er auch. Leider hatte er sich
vor ganz, ganz langer Zeit von Frau Rabe getrennt, da sie beschlossen
hatten, getrennte Wege zu nehmen. Doch die Liebe zu seinen Töchtern
blieb lebendig. Mimo liebte die beiden über alles. Er hat gerne Zeit
mit seinen Töchtern verbracht, je mehr desto besser. Brini Lotus war
feinfühlig, sensibel und zugewandt, Alex Fäxdiwax dagegen kämpfe-
risch, verwegen und stur. Es schien, als hätte er seine Eigenschaften
unter ihnen aufgeteilt. Beide trugen viel von Papa Rabe in sich, auch

seine Kreativität. Denn Mimo Rabe war sehr kreativ: Er war sogar ein absolutes Allroundtalent mit viel Erfindergeist und kannte sich hervorragend mit allen handwerklichen Tätigkeiten aus. Man konnte ihn mit allem betrauen. Und natürlich war er ein Schrauber. Nicht nur Motorrädern, auch Autos gehörte seine Leidenschaft. Mit ihnen durch die Welt zu sausen, war sein größtes Vergnügen.

Mimo konnte mit Stahl genauso toll arbeiten, wie er mit Ton töpfern konnte, und wer ihm bei seiner Arbeit zusah, der konnte sich nur wundern. Sogar zeichnen konnte er wie kein Zweiter. Mimo mochte das Außergewöhnliche und liebte es, seinen kreativ gestalteten Dingen, auch seinen eigenen Stempel aufzudrücken. Was er auch in die Hand nahm, es wurde immer etwas Besonderes daraus. Niemals 08/15, sondern immer ein ganz spezielles Rabe-Mimo-Unikat.
Seine Mädels Brini Lotus und Alex Fäxdiwäx hat er ermutigt und unterstützt, wo er konnte. Sie lagen ihm am Herzen und er war sehr stolz auf sie. Er brachte ihnen alles bei, was er wusste. Vor allem seine Devise: Handy aufgeladen, Schlüssel, Geld und Ausweis dabei - dann kann kommen was will.
Bei einer Zusammenkunft des Rabenclans war er einmal gezwungen, sein Handy auszuschalten. Er hat getobt, gekrächzt und ein Riesen-tamtam veranstaltet. Das kam für ihn einer gefühlten Todesstrafe gleich. In seiner „Wie-gehe-ich-mit-einer-Situation-um-Predigt" war dieser Notfall schließlich unbedingt zu vermeiden.
Mimo Rabe war immer zu 100 Prozent zuverlässig, und dazu gehörte zu jeder Zeit für seine Lieben erreichbar zu sein, um im Notfall reagieren zu können.
Das wussten alle, deshalb war auch seine Beziehung zu anderen Tieren besonders gut. Ein schmerzhaftes Erlebnis hatte ihn schon als kleinen Raben geprägt. Seitdem hatte er immer das Wohlergehen der anderen im Blick. Sein Schmerz hatte ihn für die Sorgen und Nöte anderer Lebewesen sensibilisiert; und das kam so: Als kleiner Rabe war sein Federkleid schon genauso zerrupft wie später, denn Mimo war ein wilder, kleiner Rabe, der sich auf der Straße zurechtfinden musste. Seine Familie war sehr arm und so zog er mit seinem Freund,

dem Raben Branko, durch das Dorf. Sie sammelten Flaschen, um diese gegen etwas Essbares einzutauschen. Das war sehr hilfreich, denn seine Familie hatte kaum Geld, um sich etwas zu kaufen.

Seinen Vater hatte er nie kennengelernt, er war früh gestorben. Mimo lebte mit Mutter Rabe und Großmutter Rabe in armen Verhältnissen. Eines Tages begegnete ihm ein Huhn mit dem Namen Josefina. Mit Josefina schloss Mimo Freundschaft. Die beiden kämpften gemeinsam ums Überleben. Josefina war ein freundliches Huhn, und die beiden führten viele Gespräche miteinander, sodass sie sich immer besser kennenlernten und einander bald sehr nahe standen. Und weil Mimo schon damals geschickt mit Holz umgehen konnte, baute er Josefina ein eigenes Bett und lud sie ein, bei ihm zu Hause zu wohnen.
Eines Tages war er wieder einmal unterwegs, um Flaschen zu sammeln. Anfangs schien es ein guter Tag zu werden, denn er hatte viele kleine Glasmurmeln gefunden. Sie würden sich sicher gegen etwas zu Essen eintauschen lassen. Doch die Freude hielt nicht lange an; es sollte einer der schrecklichsten Tage seines Lebens werden.
Als er nämlich zu seiner Familie nach Hause kam und seiner Freundin, dem Huhn, von seinem wundervollen Fund berichten wollte, da fand er Josefina im Kochtopf vor.
Ihr könnt Euch sicherlich vorstellen, wie schwer es ihm ums Herz wurde. Eine unglaubliche Wut stieg in ihm auf.
Seine Freundin Josefina war tot und Mimo schrie seinen Schmerz in den Himmel hinaus. Gleich darauf feuerte er alle seine Glasmurmeln auf Großmutter Rabe, die am Herd stand und ganz offensichtlich für Josefinas Tod verantwortlich war. Großmutter Rabe trug tiefe Wunden davon, doch das war Mimo in seinem Schmerz egal. Er verließ auf der Stelle das Haus.
Der kleine Rabe war traurig und furchtbar unglücklich. Sein Herz wollte ihm in seiner Brust zerspringen. Wie sollte er ohne Josefina weiterleben? Wie sollte er diesen Schmerz überwinden? Nie mehr wollte er etwas mit seiner Großmutter zu tun haben. Doch da er noch ein kleiner Rabe war, brauchte er den Schutz der Familie und konnte nicht ewig von zu Hause fern bleiben. So schlich er spät am Abend

zurück, und als er Josefinas Bett neben seinem stehen sah, musste er bitterlich weinen. In der Hoffnung auf Trost legte er sich in Josefinas Bett, die er so sehr vermisste.

Die Zeit ging ins Land und sie heilt alle Wunden, so sagt man. Ob das so ist, wissen nur diejenigen, die es selbst erfahren haben. So wie eine Wunde Zeit braucht, um zu heilen, so braucht auch seelischer Schmerz seine Zeit. Wir können uns nicht dagegen wehren, wir können nicht sagen: „Geh weg du Schmerz, ich will dich nicht." Wir können ihn nur annehmen und mit Liebe betrachten, dann heilt er schneller. Aber das ist eine große Kunst, die erst erlernt werden will.

Den Raben Mimo haben wir nun schon etwas kennengelernt, doch was er nicht wusste, war, dass er noch einmal sehr reich beschenkt werden sollte. Und das kam so: Silvester stand vor der Tür und Mimo Rabe wollte mit einem Freund zusammen in die Welt hinaus. Eine große Reise sollte es werden. Doch an diesem Abend hatte Mimo nicht mit Amor gerechnet, der die Gunst der Stunde zum Jahresausklang zu nutzen wusste und ihm eine reiseerprobte Gefährtin an die Seite stellte. Amor sah Mimo und Conny Wohlbehagen in ein Gespräch vertieft und plötzlich wusste er, da geht noch mehr. Ihr Name war Programm, denn bei ihr fühlte Mimo sich rundum wohl.
Da sprangen Funken und es flatterten viele farbenprächtige Schmetterlinge um die beiden herum. Er ließ sie nicht mehr aus den Augen und wartete auf den richtigen Moment, um seine Pfeile abzuschießen. Wer Amor kennt, weiß, dass er unter Umständen ein wenig kurzsichtig sein kann und nicht immer das beste Zielwasser getrunken hat, doch dieses Mal strengte er sich mächtig an und letztendlich hatte er Erfolg. Ehe sich Mimo und Conny versahen, war es um sie geschehen. Und „BÄNG" es war Liebe! Als sie sich unterm Sternenhimmel ein wundervolles neues Jahr wünschten, waren beide pures, strahlendes Glück. Von da an waren sie unzertrennlich.
Die Zeit verging und Mimo Rabe wurde sehr, sehr krank. Mimo ahnte, dass er die Erde würde verlassen müssen. Dabei hatte er keine Angst vor dem Tod. Seine Lieben zurückzulassen, das war es, was ihm zu

schaffen machte. Das alleine fiel ihm schwer. Sie ohne seinen Schutz zu wissen, sie nicht weiterhin durchs Leben begleiten zu können. Einen Wunsch wollte er sich noch erfüllen. Mimo Rabe und Conny Wohlbehagen wollten noch gemeinsam in den Bund der Ehe eintreten, um ihre Verbundenheit und ihre Liebe für immer festzuhalten. Vielleicht war auch ein bisschen der Wunsch dabei, das Leben von Mimo Rabe zu verlängern, denn schöne Momente verstärken den Wunsch nach dem ewigen Leben. Ja, vielleicht haben sie auch ein paar Tage geschenkt bekommen. Wer weiß das schon. Doch jeder hat nur eine gewisse Zeit auf der Erde und Mimos Tage waren gezählt.

Eines Morgens hatte Mimo Besuch von seiner Freundin, dem Huhn Josefina. Wie aus dem Nichts saß sie im Sessel neben seinem Bett und hatte es sich gemütlich gemacht. Josefina war ganz still und schaute ihn nur liebevoll an.

Da wusste Mimo, dass seine Zeit gekommen war, dass er nun in das Land hinter dem Vorhang würde gehen müssen. Es war soweit. Josefina war nämlich gekommen, um ihn mitzunehmen. Er freute sich so sehr, seine alte Freundin wiederzusehen und gleichzeitig war er wehmütig, dass sein Leben auf der Erde nun vorbei war. Und dann wurde er ganz ruhig. Mimo Rabe konzentrierte sich auf seinen Atem und durchlief in Gedanken all die schönen Momente seines Lebens. Von seinen Lieben hatte er sich schon verabschiedet. Die letzten Blicke waren getauscht, die letzten Worte gesprochen. Noch ein paar Atemzüge, dann war er bereit.

Mimo suchte Josefinas Blick. Sie machte ihm Mut. Er war nicht allein und er war bereit mit ihr zu gehen. Und als er seinen Fuß hob, über die Schwelle zu treten, lief sein Leben im Schnelldurchlauf an ihm vorbei. Sein Gesichtsausdruck spiegelte Glückseligkeit und tiefen Frieden wieder.

Gefangen im Meer der Möglichkeiten

Es war einmal eine kleine Schildkröte namens Fridolin. Fridolin lebte mit seinen Eltern und seinen Geschwistern bei der Großmutter an einem wunderbaren Strand, dem Strand des Lebens. Fröhlich tummelten sich die kleinen Schildkröten im Sand, spielten Fangen und Abklatschen und genossen ihre Freiheit. Sie hatten auch Freude daran, Vater und Mutter bei all den alltäglichen Dingen zuzuschauen, die sie auch lernen wollten.

Fridolin war ein munterer kleiner Kerl. Das Wohlergehen seiner Lieben lag ihm am Herzen. Wenn sich die Schildkrötenkinder trafen, um am Meer zu spielen, hatte er stets ein Auge auf die Gefahren und sorgte dafür, dass es jedem von ihnen gut ging. Sein Vater aber war ein altmodischer alter Schildkröterich, der Schildkrötenmädchen und Schildkrötenjungen trennen wollte und ihnen sogar unterschiedliche Spiele vorschrieb, was oft zu Tränen führte, denn sie alle, Schildkrötenjungs und -mädels, wollten gemeinsam spielen. Fridolin tat das im Herzen weh, und oft gesellte er sich zu seinem Schwesterlein, um gemeinsam mit ihr zu spielen. Er konnte es nämlich nicht ertragen, dass jemand in seiner Umgebung traurig war und schlecht behandelt wurde.

Die Zeit verstrich und er wurde erwachsen. Alle seine Freunde hatten die Gemeinschaft der Eltern bereits verlassen, um eine eigene Familie zu gründen, und auch seine Geschwister hatten die Liebe entdeckt und waren weggezogen. Doch Fridolin war unsicher. Fridolin fühlte eine große Verbundenheit zu seiner Schildkrötenmama. „Weißt du Fridolin", sagte sie dann, „du hast es doch gut bei mir. Ich koche für dich und wasche für dich. Du hast hier doch ein schönes Zuhause. Geht es dir etwa nicht gut bei mir? Wenn du ausziehst, dann musst du schauen, wie du alleine zurecht kommst. Oder glaubst du etwa, dass ich zu dir nach Hause komme, um deine Wäsche zu waschen und für dich zu kochen?"

Das leuchtete Fridolin ein. Er hatte noch nie Wäsche waschen müssen. Auch kochen konnte er nicht. Er müsste also verhungern. Das glaubte er zutiefst und außerdem liebte er doch sein liebes Mütterlein. Sie hatte bestimmt recht, wenn sie meinte: „Wie gut, dass du mich hast. Draußen in der Welt ist es doch viel zu gefährlich für dich. Bleib du mal schön bei mir. Hier hast du es gut." Fridolin glaubte ihr, war er doch eine gute, kleine Schildkröte, die den Worten seiner Mutter immer vertraute und gar nicht auf die Idee gekommen wäre, dass sie ihn damit nur festhalten wollte, weil sie selbst Angst davor hatte, allein zu sein. Ihr Schildkrötenmann war nämlich verstorben.

So kam es, dass Fridolin immer älter wurde. Wenn er einmal eine nette Schildkrötenfrau kennen lernte, dann stellte er sie seiner Mutter vor. Aber was glaubt Ihr, hat sie dann gesagt? War sie mit ihr einverstanden, mit der nettesten aller Schildkrötenfrauen? Na? Natürlich nicht! Sie fand an jeder etwas auszusetzen. „Die kocht nicht gut, die backt so schlecht, die putzt nicht sauber, die ist zu jung, die ist zu alt für dich; irgendwann wusste Fridolin nicht mehr weiter. Wenn seine Mutter das sagte, dann musste es wohl so sein. Und weil ihm die Erlebnisse in seinem Leben fehlten, wurde er immer trauriger. Er spürte, dass ihm etwas Besonderes fehlte, was sein Leben schöner machen könnte. Weil er also keine Erlebnisse sammeln konnte, sammelte er Gegenstände, die ihm in die Hände fielen. Ob das alte Schuhe waren, die er am Strand fand, Zeitschriften, die der Schildkrötenbote brachte, Flaschen, Muscheln, Steine, Holzstückchen, vertrocknete Blumen oder alte Kleider. Alles was ihm auf seinem täglichen Gang zum Wasser begegnete, sammelte er auf und brachte es in sein Schildkrötenhaus. Mit der Zeit wurde es enger und enger. Er fand selbst kaum noch Platz darin, denn er hatte die Gegenstände bis unter die Decke gestapelt und achtete lediglich darauf, dass er noch einen kleinen Weg zu seinem Schlafplatz frei hielt. Als er in seinem Zimmer keinen Platz mehr hatte, wusste er nicht mehr weiter. Alles was er gefunden und gesammelt hatte, glaubte er irgendwann einmal ganz, ganz sicher gebrauchen zu können. Er sammelte ein Meer von Möglichkeiten. Doch er hat nie wieder etwas davon gebraucht. So kam es, dass sich mit der Zeit auch der Staub auf seinen Dingen sammelte, um zu zeigen, wie nutzlos und wertlos sie im Grund für ihn waren. Fridolin war am Ende seines Lebens angekommen und hatte immer weniger Platz, sich zu entfalten. Er hatte keinen Raum mehr, sich auszudehnen, und so wurde es um ihn herum immer enger und er schrumpfte in sich zusammen. Er bekam sogar Angst davor, mit anderen Schildkröten zu sprechen. Er hatte nichts mehr zu sagen, legte sich in sein Bett und schlief ein. In dieser Nacht hatte er einen Traum: Er sah sich als kleine Schildkröte inmitten seiner Geschwister spielen, sah all die kleinen Schildkröten am Anfang ihres Lebens, sah hunderte von Wegen, von Möglichkeiten, durchs Leben zu gehen und sich selbst starr an der Seite von Mama Schildkröte verharren. Er war unfähig, einen Weg auszuwählen, unfähig sich zu entscheiden.

Armer großer Fridolin. Was war nur aus ihm geworden - aus dem lebendigen kleinen Kerl, dem die Welt einst mit all ihren Möglichkeiten offen gestanden hatte. Er, der die Welt hatte umarmen wollen, zog sich zurück und fühlte sich einsam. Die Unfähigkeit, sich für einen Weg zu entscheiden, hatte ihn schwer und müde werden lassen.

Doch dann sah er sich, wie er mit einem Fallschirm durch die Lüfte flog. Er genoss die Leichtigkeit und die Freiheit, die ihn mit dem Wind aufwärts steigen ließ, ein Weg aus der ganzen Schwere seines Erdendaseins. Die Erdanziehungskraft spielte keine Rolle mehr und er stieg höher und höher. In der Ferne zeigte sich ein Licht, das ihm hell leuchtete. Es erschien ihm so warm und verlockend, dass er sich von ganzem Herzen wünschte, diesem Licht zu folgen. Und weil es sich ach so verlockend, warm und wohlig anfühlte, beschloss er aus diesem Traum nicht mehr aufzuwachen. Er hatte letztendlich einen Weg gefunden, den er bereit war zu gehen.
Fridolin kehrte nicht in seinen Körper zurück und alle, die kamen, um Abschied zu nehmen, ihn ein letztes Mal zu sehen, sahen, dass sich ein wunderbares Lächeln auf seinem Gesicht ausgebreitet hatte.

Die Geschichte vom Papageienstern

Es war einmal ein kleiner Elefant. Er war stark und neugierig, liebte das Leben und genoss es, seinen Rüssel in den Wind zu halten. Er war alt genug, in die Welt hinaus zu ziehen, und er hatte gehört, dass da nicht alleine Elefanten auf der Welt waren. Scheinbar gab es auch andere Tiere und die wollte er gerne kennenlernen. Dazu hatte er sich vorgenommen, einmal um die ganze Welt zu reisen. Und zwar bevor er sich eine Arbeit suchen wollte, um sesshaft zu werden.

Er feierte und tanzte gerne und er hörte von einem Fest, das ganz in seiner Nähe stattfinden sollte. Da zog es ihn hin. Ein rauschendes Fest, an dem viele andere Tiere teilnahmen. Da waren Giraffen und Affen, Nashörner und Eichhörnchen, Löwen und Möwen, Ziegen und Fliegen, Chinchillas und Gorillas, ja, sogar ein Papagei war an diesem Abend dort. Dieser Papagei, eine Papageiendame um genau zu sein, faszinierte den Elefanten sehr.
Sie war ganz anders als die anderen Tiere. Sie war bunt, schillernd und auffällig. Sie lachte laut, tanzte wild und fühlte sich mit ihrem prächtigen Federkleid so richtig wohl in ihrer eigenen Haut. Kaum war sie auf der Tanzfläche, scharten sich viele Tiere um sie. Sie schienen genau das zu mögen, denn in der Nähe des Papageienmädchens fühlten sie sich gut und wohl. Sie bewunderten die Papageiendame und das wiederum gefiel dieser sehr. „Was ist nur besonderes an ihr?", fragte sich auch der Elefant. Ihm ging es ganz genau wie allen anderen und er näherte sich ihr, um der Sache auf den Grund zu gehen.

So lernten sich das Papageienmädchen und der Elefant kennen, noch bevor er seine große Reise um die Welt begonnen hatte. Als er nach einem halben Jahr wieder nach Hause kam, verabredeten sich die zwei und verliebten sich ineinander. Sie wurden ein Paar.

Es dauerte nicht lange, dann wünschten sie sich Kinder. Sie waren gespannt darauf, was sie wohl für kleine Wesen in ihrem Leben willkommen heißen würden und freuten sich schon sehr auf Zuwachs. Wie verwundert und begeistert waren sie nun, als ein kleiner Fuchs in ihr Leben trat und die kleine Familie um ein Familienmitglied bereicherte. Der kleine Fuchs wurde größer und entpuppte sich als eine richtige Leseratte. Lesen liebte er über alles und mit Büchern konnte man ihn glücklich machen. Später kam noch ein kleiner Kerl, ein Affe, dazu und auch er wurde mit offenen Armen empfangen und geliebt. Er war richtig gelenkig und konnte Klimmzüge machen wie kein Zweiter, denn er hatte starke Muskeln.

So lebten sie ein spannendes und interessantes Leben. Fuchs und Affe wurden immer größer, Papa Elefant war der Fels in der Brandung, der Ruhepol, mit dem man Dinge abstimmen und besprechen konnte, auf ihn war immer Verlass. Er stand morgens mit Fuchs und Affe auf und machte ihnen Frühstück. Jeden Abend brachte er sie in ihre Betten. Der kleine Fuchs und der kleine Affe liebten ihn sehr und waren froh, ihn an ihrer Seite zu wissen, denn an seiner Seite fühlten sie sich geborgen und gut aufgehoben.

Mama Papagei war oft außer Haus. Auch sie liebte ihre Kinder sehr, aber sie war rastlos. Sie hatte immer etwas zu tun und zu erledigen, kam gar nicht richtig zur Ruhe, so viele Dinge zogen sie hinaus in die weite Welt. Sie hörte ein RUFEN in ihrem Innersten, dem sie sich nicht entziehen konnte. Dann wurde sie krank - langsam. Es war nicht direkt auszumachen, was ihr fehlte. Sie hatte es selbst nicht richtig bemerkt.
Es war eher eine Ruhelosigkeit, die sie erfasste und die sie selbst nicht steuern konnte. Manchmal war sie ganz, ganz müde und konnte trotzdem keinen Schlaf finden. Dann blieb sie bis tief in die Nacht hinein aktiv und sortierte ihre Habe oder putzte die Wohnung. So lebte sie in Extremen, war hin und hergezogen, bis sie immer kränker wurde und aus dem Leben gehen musste.

Alle waren überrascht, als sie ganz plötzlich an ihrer Krankheit
starb. Doch sie ging nur aus dieser Welt. Sie wurde ein Stern, der
wundervoll leuchtete, wie sie es im Leben getan hatte, und der
nachts ein wachsames Auge auf seine Lieben warf. Immer wenn der
große Elefant, der kleine Fuchs und der kleine Affe an Mama Papagei dachten, schickte ihnen der Stern Liebe und Dankbarkeit für
die gemeinsame Zeit, die sie zusammen auf der Erde hatten erleben
dürfen.

Über die Autorin

Birgit Rütters, Jahrgang 1956, Studium der Sozialpädagogik, Musikerin, Sängerin, Schreiberin. Mutter von zwei und Großmutter von sechs wunderbaren Kindern, gewann mit dreizehn Jahren einen Gesangswettbewerb. Gleichzeitig fand sie ihre erste Band und probierte sich und unterschiedliche Musikstile aus.

Während des Studiums verschlug es sie nach Frankfurt, wo sie mit ihrer Band x-tin endlich ihre eigenen Texte performte. Es zog sie ins Theater, auch hier konnte sie eigene Sachen aufführen, zudem ritt sie auf der „Neuen Deutschen Welle" mit, bei live und Fernsehauftritten.

Zusammen mit Alberto Mompellio gründete sie das Duo „Main Affaire" und entdeckte sich als „Musikalische Botschafterin", indem sie als singende Laudatorin, in die Lebensgeschichte von Menschen eintaucht, deren Leben zu besingen.

Weitere Erfahrungen machte sie als freie Trauerrednerin. Sie wurde angesprochen, den Abschied einer Dame, deren Leben sie bereits besungen hatte, als letzte gemeinsame Feier zu halten. Seither gestaltet sie liebevoll Zeremonien, durch die es möglich wird, den Abschied als schöne Erinnerung zu bewahren.

Die Idee für das Buch kam ihr, als ein Vater und seine beiden Kinder unter 10 Jahren früh die Mutter verloren. Er war unsicher, wie er über den Tod und das Danach mit seinen Jungs sprechen sollte und suchte sich psychologische Unterstützung. Die Psychologin forderte die Kinder auf, den Familienmitgliedern Tiere zuzuordnen. So kamen Papagei, Elefant, Fuchs und Affe ins Spiel. Als der Vater Birgit Rütters davon erzählte, kam sie auf die Idee eine Fabel vom Papageienstern zu schreiben, den Kindern und der Familie Trost zu schenken.

Das **TrostRauschen** hatte begonnen.

Dank

„Wer nicht an Wunder glaubt, ist kein Realist."
David-Ben-Gurion

Mir persönlich gefällt ja die Aussage ohne „nicht" besser. Nur wer an Wunder glaubt, ist ein Realist. Es sind die kleinen Wunder des Alltags, die, wenn wir sie achtsam bemerken, unser Leben bereichern.

So lernte ich zu Silvester Claudia L. Hoffmann, die fabelhafte Illustratorin meiner Geschichten, kennen und schätzen. Ihr ist es gefühlvoll gelungen, den Charakteren einmal mehr Leben einzuhauchen. Sie an meiner Seite zu haben, hat mein Projekt **TrostRauschen** sehr bereichert.

Herzlichen Dank auch den freundlichen Hinterbliebenen meiner Protagonisten, mit deren Erlaubnis ich die Geschichten ihrer Lieben als Tierpersönlichkeiten veröffentlichen darf. Alle waren und sind besonders!

Tiefen Dank meinem inneren Kreis, meinem Mann, meiner Familie, meinen Freunden und Freundinnen, die mit ihrer Liebe, Rat und Tat immer für mich da sind.

Und zum Schluss danke ich dem Leben selbst, das mich führt und inspiriert. Möge dieses Buch mit einem **TrostRauschen** viele Menschen erreichen und Balsam sein für die Seele.

Von ganzem Herzen
Birgit Rütters

FSC
www.fsc.org
MIX
Papier | Fördert
gute Waldnutzung
FSC® C083411

Zeitfracht Medien GmbH
Ferdinand-Jühlke-Straße 7
99095 Erfurt, Deutschland
produktsicherheit@kolibri360.de